BEI GRIN MACHT SICH IHP WISSEN BEZAHLT

AF154269

- Wir veröffentlichen Ihre Hausarbeit, Bachelor- und Masterarbeit

- Ihr eigenes eBook und Buch - weltweit in allen wichtigen Shops

- Verdienen Sie an jedem Verkauf

Jetzt bei www.GRIN.com hochladen und kostenlos publizieren

Nachhaltigkeit und Corporate Social Responsibility. Begriff, Ziele und Berichterstattung

Mit Umsetzungsbeispiel zur CSR-Berichterstattung

Victoria Chemnitz

GRIN ☺

Bibliografische Information der Deutschen Nationalbibliothek:

Die Deutsche Nationalbibliothek verzeichnet diese Publikation in der Deutschen Nationalbibliografie; detaillierte bibliografische Daten sind im Internet über http://dnb.d-nb.de abrufbar.

ISBN: 9783346703699
Dieses Buch ist auch als E-Book erhältlich.

© GRIN Publishing GmbH
Nymphenburger Straße 86
80636 München

Druck und Bindung: Books on Demand GmbH, Norderstedt Germany
Gedruckt auf säurefreiem Papier aus verantwortungsvollen Quellen

Das Buch bei GRIN: https://www.grin.com/document/1266109

Einsendeaufgabe

Nachhaltigkeit und Corporate Social Responsibility

Modul:
Corporate Governance

Studiengang:
Finance, Accounting, Controlling & Taxation (M. Sc.)

Verfasserin:
Victoria Chemnitz

Abgabedatum:
28. Juni 2022

Inhaltsverzeichnis

Abkürzungsverzeichnis

AktG	–	Aktiengesetz
BMK	–	Bundesministerium für Klimaschutz, Umwelt, Energie, Mobilität, Innovation und Technologie
bspw.	–	beispielsweise
CR	–	Corporate Responsibility
CSR	–	Corporate Social Responsibility
CSR-RUG	–	Corporate Social Responsibility-Richtlinie-Umsetzungsgesetz
DAX	–	Deutscher Aktienindex
DCGK	–	Deutscher Corporate Governance Kodex
DNK	–	Deutscher Nachhaltigkeitskodex
EU	–	Europäische Union
ggf.	–	gegebenenfalls
GRI	–	Global Reporting Initiative
HGB	–	Handelsgesetzbuch
KMU	–	Kleine und mittlere Unternehmen
RNE	–	Rat für Nachhaltige Entwicklung
s.	–	siehe
S.	–	Seite
SDGs	–	Sustainable Development Goals
u. a.	–	unter anderem
Vgl.	–	Vergleiche

Abbildungsverzeichnis

1 Nachhaltigkeit

Der Megatrend Nachhaltigkeit zieht sich inzwischen durch sämtliche Bereiche des Lebens: In Supermärkten werden vermehrt vegane und Bio-Produkte verkauft, auf den Straßen nimmt die Verbreitung von Elektrofahrzeugen zu und Unternehmen machen durch deren Engagement in Nachhaltigkeitsthemen sowie die Einführung von Nachhaltigkeitsstrategien auf sich aufmerksam. Etwa zwei Drittel der deutschen Verbraucher[1] sind nach einer Studie von Deloitte bereit, für nachhaltige Produkte mehr auszugeben.[2] Inzwischen gibt es eine Vielzahl von Gründen, weshalb Nachhaltigkeit an Bedeutung zunimmt und sich insbesondere Unternehmen mit dem Megatrend genauer auseinandersetzen sollten.

1.1 Unternehmerische Nachhaltigkeit

Unternehmerische Nachhaltigkeit wird häufig unter dem Begriff Corporate Responsibility (CR) diskutiert – ein umfassender Begriff für die unternehmerische Verantwortung für jeden Einfluss, den eine Unternehmenstätigkeit auf Gesellschaft und Umwelt hat.[3] In einer Welt, bei der ca. 20 % der Weltbevölkerung die globalen Umweltschäden verursachen, während die anderen 80 % davon betroffen sind und dessen Folgen tragen (80:20 Gleichung), werden Unternehmen bzgl. ihres Engagements in Nachhaltigkeit vermehrt hinterfragt.[4]

Den Begriff Nachhaltigkeit definierte Carl von Carlowitz in seiner Schrift „Sylvicultura oeconomica" bereits 1713 wie folgt:

„Bäume, die abgeholzt werden, müssen nachgepflanzt werden, um die Ressourcenbasis – und damit die wirtschaftliche Basis – nicht zu erschöpfen. Wer allen Wald abholzt, hat kurzfristig viel Holz, aber über die nächsten Jahrzehnte nur wenig."[5]

Er gilt damit als historischer Vorläufer des Nachhaltigkeitsleitbildes und forderte schon damals eine kluge Art der Waldbewirtschaftung. Pufé fasst darauf aufbauend Nachhaltigkeit als die Nutzung eines regenerierbaren Systems in einer Weise, die das System in seinen wesentlichen Eigenschaften erhält und dessen Bestand auf natürliche Weise regeneriert werden kann, zusammen.[6]

Wördenweber und einige weitere Autoren definieren den Begriff Nachhaltigkeit als eine dauerhaft tragfähige Entwicklung in den Bereichen Ökonomie, Ökologie und Soziales, die die

---

[1] In der folgenden Arbeit wird aus Gründen der besseren Lesbarkeit ausschließlich die männliche Form verwendet. Sie bezieht sich auf Personen aller Geschlechter.
[2] Vgl. *Monitor Deloitte* (2021), S. 16
[3] Vgl. *Aachener Stiftung Kathy Beys* (2015)
[4] Vgl. *Ekardt* (2005), S. 12-13
[5] Vgl. *Pufé* (2017), S. 37
[6] Vgl. *Pufé* (2017), S. 117

Bedürfnisse der heutigen Generation berücksichtigt, ohne dabei künftigen Generationen die Möglichkeit zu nehmen, ihre eigenen Wünsche zu erfüllen. Sie nehmen somit die Generationengerechtigkeit und die drei Säulen der Nachhaltigkeit - Ökonomie, Ökologie und Soziales - in ihre Definitionen mit auf. Außerdem bemerkt Wördenweber, dass Nachhaltigkeit weder räumlich noch zeitlich begrenzt ist.[7]

1983 gründeten die Vereinten Nationen die Weltkommission für Umwelt und Entwicklung. Dessen Aufgabe bestand darin, einen Perspektivbericht zu einer langfristig tragfähigen, umweltschonenden Entwicklung im Weltmaßstab bis 2000 und darüber hinaus zu erstellen. Im Jahr 1987 wurde schließlich der Zukunftsbericht „Unsere gemeinsame Zukunft" veröffentlicht, auch als Brundtland-Bericht bekannt. Dieser Bericht formuliert und definiert ein Konzept der nachhaltigen Entwicklung und gibt damit einen Anstoß für die öffentliche Aufmerksamkeit für das Thema Nachhaltigkeit.[8]

Durch den Brundtland Bericht wurde der Nachhaltigkeitsbericht inzwischen seit einem halben Jahrhundert vermehrt in politischen Debatten der Industrieländer aufgegriffen. Aus diesen Diskussionen gehen nicht nur Herausforderungen für die Gesellschaft und Politik hervor, sondern speziell auch für Unternehmen. Die Wirtschaft, geprägt von Digitalisierung und Globalisierung, drängt sie dazu, ihre Geschäftsmodelle, Marketingstrategien und Produktionsprozesse in Richtung Nachhaltigkeit zu transformieren.[9]

Um nachhaltiges Wirtschaften zu ermöglichen, muss also nicht nur jeder Einzelne einen Teil dazu beitragen. Insbesondere den Unternehmen kommt eine zentrale gesellschaftliche Bedeutung zu, die über das Einhalten von Gesetzen, Abgaben und Steuern oder ihre Produkte und Dienstleistungen selbst hinaus geht. Ihre Handlungen haben Einfluss auf den Klimawandel, aber auch die Kultur, Werte, die Feinstaubbelastung oder Infrastruktur. Organisationen haben folglich vielfältige Auswirkungen auf Umwelt und Gesellschaft.[10] Die Verantwortung für nachhaltiges Wirtschaften wird daher zu einem Großteil von ihnen getragen. Da auch die gesellschaftliche Verantwortung vermehrt in den Fokus rückt, erweitern Unternehmen ihre strategische Planung zunehmend um gesellschaftliches Engagement.[11]

Der Druck, dass Unternehmen Verantwortung übernehmen, indem sie die sozialen und ökologischen Auswirkungen ihres Geschäftsmodells kennen und sie nachhaltig steuern, steigt maßgeblich durch ihre Stakeholder. Investoren, Kunden und die Öffentlichkeit haben schon länger nicht mehr nur für die harten Finanzzahlen Interesse, sondern fordern auch

---

[7] Vgl. *Wördenweber* (2017), S. 9
[8] Vgl. *Aachener Stiftung Kathy Beys* (2015a)
[9] Vgl. *Knödler* (2019), S. 3
[10] Vgl. *Weber/Weber* (2021), S. 25
[11] Vgl. *Rückwardt* (2021), S. 111

Informationen, die über die rein finanzielle Berichterstattung hinausgehen.[12] Zudem soll die Nachhaltigkeit möglichst überprüfbar sein. Gehen Unternehmen auf diese Forderungen der Stakeholder nicht ein, stellt dies ein geschäftliches Risiko für sie dar.[13]

Nachhaltig zu wirtschaften, ist jedoch nicht nur sinnvoll, um Risiken zu vermeiden, sondern eröffnet viele neue Chancen. Transformationen in Richtung Nachhaltigkeit sichern die Option, zu wachsen. Auch Hendrik Fink, Partner und Leiter der Sustainability Services bei PwC Deutschland, betont, dass heute kein Weg mehr an nachhaltigem Handeln vorbeiführe. Unternehmen, die auch zukünftig wettbewerbsfähig sein wollen, müssten sich intensiv damit beschäftigen, wie sich ihre Geschäftstätigkeiten auf Gesellschaft und Umwelt auswirken.[14] Mögliche Umsatz- und Gewinntreiber sind z. B. die Aufwertung der angebotenen Produkte, eine Stärkung der Marke oder neue Geschäftsmodelle mit Nachhaltigkeitsaspekten. Mit nachhaltigen Innovationen lassen sich neue Marktsegmente erschließen und leichter qualifizierte Arbeitskräfte finden, da diese ökologisch- und sozialinnovative Unternehmen bevorzugen. Zudem gehen ökologische Maßnahmen oft Hand in Hand mit ökonomischen Nutzen, bspw. bei Effizienzsteigerungen. Durch einen geringeren Einsatz von Plastik können Ölpreisschwankungen weniger stark das Unternehmen belasten, oder durch faire Löhne die Belegschaft in Produktionsstätten stabilisiert werden.[15]

In einer Umfrage zum Thema Nachhaltigkeit von Unternehmen (hauptsächlich KMUs), aus den Branchen Industrie, Handel, Dienstleitung und Bau haben Weber und Weber festgestellt, dass fast 70 % der teilnehmenden Unternehmen angaben, dass Ihnen das Thema Nachhaltigkeit bereits wichtig bis sehr wichtig ist. Auch schätzt der Großteil von ihnen den Einfluss von Nachhaltigkeitsaktivitäten auf den monetären Erfolg des Unternehmens als positiv ein (s. Abb. 1).[16] Die Unternehmen wurden in der Studie auch um ihre Einschätzung bzgl. der Wichtigkeit verschiedener Motivatoren für Nachhaltigkeitsaktivitäten befragt. Diese waren: Image, Sicherung der Zukunftsfähigkeit des Unternehmens, Kundenanforderungen, Stakeholder-Erwartungen, gesetzliche Transparenzverpflichtungen und innovative Impulse für nachhaltige Produkte. Bei allen Punkten gaben über 60% der Unternehmen an, dass sie sehr wichtige oder wichtige Motivatoren für sie seien.[17]

---

[12] Vgl. *PricewaterhouseCoopers GmbH* (o. J.)
[13] Vgl. *Deloitte GmbH Wirtschaftsprüfungsgesellschaft* (o. J.)
[14] Vgl. *PricewaterhouseCoopers GmbH* (o. J.)
[15] Vgl. *Deloitte GmbH Wirtschaftsprüfungsgesellschaft* (o. J.)
[16] Vgl. Weber/Weber (2021), S. 38 f.
[17] Vgl. Weber/Weber (2021), S. 40 ff.

Abbildung 1: Positiver Einfluss von Nachhaltigkeitsaktivitäten auf den monetären Erfolg des Unternehmens nach Branche

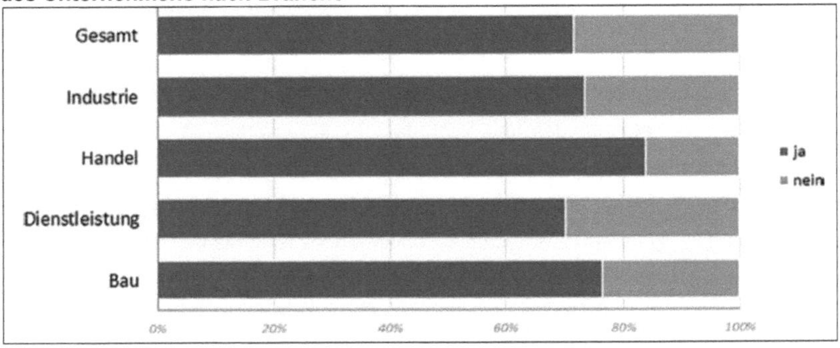

Quelle: *Weber/Weber* (2021), S. 39

Insgesamt ließ sich aus der Studie schlussfolgern, dass ein großes Bewusstsein in Bezug auf Nachhaltigkeit bei den KMUs entsteht und es als wichtiges Element zur Zukunftssicherung verstanden wird. Viele Unternehmen wollen hier deshalb vermehrt investieren, sind jedoch zögerlich, da es noch am nötigen Knowhow mangelt. Potenziale sehen die KMUs insbesondere darin, sich am Arbeitsmarkt attraktiv zu positionieren, als Innovationstreiber wahrgenommen zu werden und von Wettbewerbsvorteilen zu profitieren.[18]

An dieser Stelle sei noch kurz auf den Begriff Greenwashing eingegangen. Denn während Corporate Sustainability, die unternehmerische Nachhaltigkeit, an Bedeutung gewinnt und Kunden vermehrt auf diese achten, gibt es immer häufiger auch unternehmerische Handlungen, die zwar nachhaltig erscheinen, es jedoch nicht sind. Greenwashing bezeichnet den Versuch von Unternehmen, ein „grünes Image" durch Kommunikation, Einzelmaßnahmen und Marketing zu erlangen, ohne aber tatsächlich die entsprechenden Maßnahmen im operativen Geschäft systematisch verankert zu haben.[19]

1.2 Das Drei-Säulen-Modell

Ursprünglich eingeführt wurde das Drei-Säulen- bzw. „3-P"- (Profit, Planet, People) Modell bereits 1997 von Elkington.[20] Das Modell hat sich seitdem bei verschiedenen Akteuren wie Politik, Unternehmen oder Beratern durchgesetzt und breite Verwendung gefunden, vor allem als Ausgangspunkt einer nachhaltigen Entwicklung oder für Nachhaltigkeitskonzepte. Die drei Säulen stehen für Ökonomie, Ökologie und Soziales und thematisieren die Diskussion um Umwelt versus Wirtschaftswachstum und gehen auf die Frage nach einer angemessenen

---

[18] Vgl. Weber/Weber (2021), S. 40 ff.
[19] Vgl. *Lin-Hi* (2021)
[20] Vgl. *Weber/Weber* (2021), S. 27

menschlichen Entwicklung ein.[21] Nachhaltigkeit kann nach dem Modell als eine dreifache Win-Win-Position gesehen werden, da die Umwelt, die Gesellschaft und das Unternehmen selbst von ihr profitieren.[22]

Pufé definiert unter nachhaltigem Wirtschaften, dass Profite direkt sozial und ökologisch verantwortungsvoll erwirtschaftet werden und nicht, dass Profite erwirtschaftet werden, um sie erst im Nachhinein für Umwelt- oder soziale Belange einzusetzen. Sie nimmt damit die drei Säulen in ihre Definition mit auf und unterstreicht, dass alle drei Aspekte gleichermaßen und von Beginn an Beachtung finden müssen. Im 3-Säulen-Modell wird das Dach ‚Nachhaltigkeit' von den drei Säulen getragen, die alle gleichberechtigt nebeneinanderstehen.[23]

Abbildung 2: Das Drei-Säulen-Modell der Nachhaltigkeit

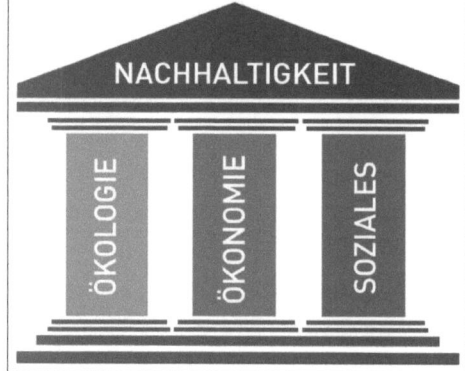

Quelle: *Institut Bauen und Umwelt e.V.* (2020)

Die Säule der Ökonomie umfasst das Sichern langfristiger Gewinne und Wirtschaftlichkeit, anstelle von kurzfristigen monetären Gewinnmaximierungen. Unternehmen entwickeln langfristige Strategien, die den Menschen und der Umwelt dienen und in deren Rahmen alle Ressourcen langfristig erhalten und gefördert werden können. Das Ziel ist auch hier, die zukünftigen Generationen nicht mit hohen Schulden zu belasten. Bei lediglich kurzfristig ausgerichteter Profitabilität wäre dies die Konsequenz.[24]

Die ökologische Säule zielt auf Umweltschutz ab und beinhaltet den kalkulierten Umgang mit erneuerbaren und nicht erneuerbaren Rohstoffen, den Schutz der Artenvielfalt und generell die Reduktion des Klimaanstiegs. Unternehmen sollten Rohstoffe, die sich gar nicht oder nur sehr langsam erneuern, durch erneuerbare Ressourcen ersetzen. Letztere sollten allerdings entsprechend der jeweiligen Erneuerungsdauer verbraucht werden. Insgesamt sollte der

---

[21] Vgl. *Kleine* (2009), S. 5-6
[22] Vgl. *Deloitte GmbH Wirtschaftsprüfungsgesellschaft* (o. J.)
[23] Vgl. *Pufé* (2017), S. 110
[24] Vgl. *Umweltmission gUG i.G.* (o. J)

Ressourceneinsatz möglichst effizient gestaltet und nachhaltig gewirtschaftet werden, die Umwelteinwirkungen somit minimiert werden.[25]

Die Dimension Soziales nimmt den Menschen zum Mittelpunkt. Kinder- und Zwangsarbeit soll bekämpft und die Ausbeutung zugunsten der Industrieländer verhindert werden. Außerdem sollen die Menschen, die in ökonomisch schwächeren Regionen wohnen, ein Recht auf Bildung erhalten. Von Unternehmen wird eine Steigerung der Diversität in ihrer Belegschaft sowie gesunde, sichere Arbeitsplätze erwartet.[26] Wichtig sind daneben Möglichkeiten der Personalentwicklung, der Gesundheitsschutz und Mitbestimmung. Die soziale Säule betrachtet dabei nicht nur die Mitarbeiter innerhalb eines Unternehmens, sondern alle Personen entlang der gesamten Lieferkette und darüber hinaus.[27]

Grundsätzlich ist das Drei-Säulen-Modell als konzeptioneller Ausgangspunkt für eine nachhaltige Entwicklung anerkannt. Dennoch existieren abweichende Positionen, wie z. B. Ansätze, die die ökologische Säule stark hervorheben oder eine vierte institutionelle Säule hinzufügen. Unzulänglichkeiten des Drei-Säulen-Modells sind die anfängliche Isolierung der Dimensionen, die problematische Abgrenzung der Säulen untereinander und keine Berücksichtigung der prozeduralen Aspekte.[28]

Problematisch an der Darstellung des Drei-Säulen-Modells ist außerdem, dass die mittlere Säule theoretisch nur stark genug sein müsste, um das gesamte Dach ‚Nachhaltigkeit' zu tragen. Daher arbeitete die Wissenschaft mit einem Dreiklang-Modell eine Weiterentwicklung heraus – das Nachhaltigkeitsdreieck. Hier stehen die Dimensionen Ökonomie, Ökologie und Soziales nicht länger nebeneinander, sondern bewegen sich aufeinander zu. Erst wenn alle Aspekte gleichberechtigte Berücksichtigung finden, wird Nachhaltigkeit erreicht.[29]

1.3 Sustainable Development Goals

Durch ihre vielfältigen Auswirkungen auf Umwelt und Gesellschaft nehmen Unternehmen eine zentrale Rolle in der Öffentlichkeit ein. Zudem wirken Megatrends wie die Digitalisierung und Globalisierung auf sie ein. Da dies mit hoher Geschwindigkeit und großer Dynamik passiert, entwickeln sich immer komplexer werdende Herausforderungen für die Unternehmen. Um insgesamt eine nachhaltige Entwicklung zu ermöglichen und um die Herausforderungen für die Organisationen gemeinsam als Staatengemeinschaft der Erde anzugehen, haben die Mitgliedstaaten der Vereinten Nationen im Jahr 2015 mit der Agenda 2030 einen Fahrplan zur

---

[25] Vgl. *Umweltmission gUG i.G.* (o. J)
[26] Vgl. *Umweltmission gUG i.G.* (o. J)
[27] Vgl. *Kühnel/Hiller/Krüger* (2021), S. 89
[28] Vgl. *Kleine* (2009), S. 6
[29] Vgl. *Pufé* (2014)

„Transformation der Welt zum Besseren" im Sinne einer nachhaltigen Umgestaltung von Wirtschaft, Umwelt und Gesellschaft bis zum Jahr 2030 entwickelt. Dabei wurden die Sustainable Development Goals (SDGs), bzw. die 17 internationalen Nachhaltigkeitsziele der Vereinten Nationen, vereinbart.[30]

Die siebzehn Ziele zur nachhaltigen Entwicklung drehen sich um verschiedene Maßnahmen, unter anderem zur Sicherung von Frieden, sauberem Wasser, Bildungschancen und viele Weitere.[31] Die SDGs skizzieren somit eine neue weltweite Agenda, um Hunger und Armut zu reduzieren, Gesundheit zu verbessern und den Planeten zu schützen.[32] Das zentrale Motiv ‚Leaving No One Behind' („niemanden zurücklassen") der Agenda 2030 für Nachhaltige Entwicklung findet sich in vielen dieser 17 Ziele wieder. Alle Länder und Menschen sollen gleichermaßen von den Fortschritten, die sich bei der Umsetzung der Ziele ergeben, profitieren. Um dies zu ermöglichen, müssen sowohl innerhalb als auch zwischen Ländern Ungleichheiten abgebaut werden.[33]

Der Leitgedanke ‚Leaving no one behind' ist außerdem eine Aufforderung, allen Menschen eine wirtschaftliche und soziale Teilhabe zu ermöglichen und dabei die ökologischen Belastungsgrenzen der Erde einzuhalten. Die Agenda ist seit ihrem Inkrafttreten am 01.01.2016 mit einer Laufzeit von 15 Jahren bis 2030 gültig.[34]

Die 17 Sustainable Development Goals bedeuten: [35]

- **SDG 1:** Armut in all ihren Formen und überall beenden
- **SDG 2:** Den Hunger beenden, eine bessere Ernährung und Ernährungssicherheit erreichen sowie eine nachhaltige Landwirtschaft fördern
- **SDG 3:** Ein gesundes Leben für alle Menschen jeden Alters gewährleisten und ihr Wohlergehen fördern
- **SDG 4:** Inklusive, gerechte und hochwertige Bildung gewährleisten und Förderung von Möglichkeiten des lebenslangen Lernens für alle
- **SDG 5:** Geschlechtergleichstellung erreichen und alle Mädchen und Frauen zur Selbstbestimmung befähigen
- **SDG 6:** Verfügbarkeit und nachhaltige Bewirtschaftung von Wasser und Sanitärversorgung für alle gewährleisten
- **SDG 7:** Zugang zu bezahlbarer, verlässlicher, nachhaltiger und zeitgemäßer Energie für alle sichern
- **SDG 8:** Dauerhaftes, breitenwirksames und nachhaltiges Wirtschaftswachstum, produktive Vollbeschäftigung und menschenwürdige Arbeit für alle fördern

---

[30] Vgl. *Weber/Weber* (2021), S. 25
[31] Vgl. *Deloitte GmbH Wirtschaftsprüfungsgesellschaft* (o. J.)
[32] Vgl. *Deutsche UNESCO-Kommission e. V.* (o. J.)
[33] Vgl. *World University Service* (o. J.)
[34] Vgl. *Keck* (2021), S. 24
[35] Vgl. *Die Bundesregierung* (2021), S. 30 ff.

Abbildung 3: Die 17 Sustainable Development Goals

Quelle: *Die Bundesregierung* (2021), S. 1.

- **SDG 9:** Eine widerstandsfähige Infrastruktur aufbauen, breitenwirksame und nachhaltige Industrialisierung fördern und Innovationen unterstützen
- **SDG 10:** Ungleichheit zwischen und in Ländern verringern
- **SDG 11:** Städte und Siedlungen inklusiv, sicher und nachhaltig gestalten
- **SDG 12:** Nachhaltige Konsum- und Produktionsmuster sicherstellen
- **SDG 13:** Sofortmaßnahmen ergreifen, um den Klimawandel und seine Auswirkungen zu bekämpfen
- **SDG 14:** Bewahrung und nachhaltige Nutzung der Ozeane, Meere und Meeresressourcen
- **SDG 15:** Landökosysteme schützen, wiederherstellen und ihre nachhaltige Nutzung fördern, Wälder nachhaltig bewirtschaften, Bodendegradation beenden, dem Verlust der biologischen Vielfalt ein Ende setzen und Wüstenbildung bekämpfen
- **SDG 16:** Förderung von friedlichen und inklusiven Gesellschaften für eine nachhaltige Entwicklung, allen Menschen Zugang zum Recht ermöglichen, leistungsfähige, rechenschaftspflichtige, inklusive Institutionen auf allen Ebenen aufbauen
- **SDG 17:** Globale Partnerschaft für nachhaltige Entwicklung fördern

Diese 17 Ziele der Vereinten Nationen sind recht weit gefasst und auf die Formulierung erstrebenswerter Ziele begrenzt. Wenn es um die Anwendung geht, werden konkretere Vorgaben benötigt.[36] In der Agenda 2030 werden deshalb die oben aufgeführten 17 globalen Ziele in 169 Unterziele unterteilt, sodass sie greifbarer und konkreter sind. Alle Ziele sind unteilbar und hängen voneinander ab. Außerdem können sie nur dann erreicht werden, wenn möglichst viele Akteure Engagement zeigen und sich vor Ort einbringen.[37]

---

[36] Vgl. *Kühnel/Hiller/Krüger* (2021), S. 90
[37] Vgl. *World University Service* (o. J.)

2 Begriff und Zielsetzung der Corporate Social Responsibility

Nach Definition der Europäischen Kommission im Jahr 2011 ist unter Corporate Social Responsibility (CSR) *„die Verantwortung von Unternehmen für ihre Auswirkungen auf die Gesellschaft"*[38] zu verstehen. In der Literatur stellen zahlreiche Autoren Abweichungen in der Definition von CSR fest. Auch in der unternehmerischen Praxis existiert eine Vielzahl von Vorstellungen zu CSR. Während manche Unternehmen der Ansicht sind, dass bereits die wirtschaftliche Existenz gesellschaftliches Engagement entfaltet, sind andere der Meinung, dass lediglich Unternehmen mit entsprechenden Managementsystemen dafür, oder sogar nur Social Entrepreneurs, wahre CSR betreiben können.[39]

Nach Pufé steht CSR für die unternehmerische Gesellschaftsverantwortung, d. h. für den freiwilligen Beitrag von Unternehmen zu einer nachhaltigen Entwicklung, die über die gesetzlichen Forderungen bzw. das Compliance hinausgeht.[40] Der Begriff Corporate Social Responsibility ist dabei enger gefasst als Nachhaltigkeit insgesamt.[41] CSR kann auch als eine Unternehmensstrategie verstanden werden, die innerhalb des Kerngeschäfts des Unternehmens eine langfristig orientierte, nachhaltige Unternehmensentwicklung verfolgt und neben ökonomischen auch ökologischen und sozialen Zielen aufeinander abgestimmt nachgeht.[42] Geht ein Unternehmen sogar über die CSR hinaus und zeigt zusätzlich außerhalb der eigenen Wertschöpfungskette gesellschaftliches Engagement, bspw. durch Aktivitäten für soziale, lokale Einrichtungen oder Spenden an gemeinnützige Stiftungen, so ist von Corporate Citizenship (CC) die Rede.[43]

CSR sollte nicht überwiegend Konzernen und Global Playern mit viel Macht und Einfluss überlassen bleiben, auch wenn dies zunächst sinnvoll erscheint. Keck weist darauf hin, dass die gesellschaftliche Verantwortung von allen Unternehmen übernommen werden sollte, unabhängig von deren Größe. In der EU sind etwa 90% der Unternehmen Kleinstunternehmen mit unter zehn Angestellten. Somit liegt in diesen Organisationen in Summe ein großes Potenzial für eine nachhaltige gesellschaftliche Entwicklung im Sinne von CSR. Verantwortung für ihre Auswirkungen auf die Gesellschaft solle daher jedes Unternehmen gleichermaßen übernehmen.[44]

---

[38] *BMK* (o. J.)
[39] Vgl. *Schneider* (2015), S. 21
[40] Vgl. *Pufé* (2017), S. 118
[41] Vgl. *Rückwardt* (2021), S. 113
[42] Vgl. *Maschke/Zimmer* (2013), S. 13
[43] Vgl. *Haase* (2020)
[44] Vgl. *Keck* (2021), S. 68 f.

Im Rahmen von CSR sollen Unternehmen außerdem die von ihnen genutzten Ressourcen so einsetzen, dass neben ihnen selbst auch die Gesellschaft als Ganzes einen Nutzen davon hat. Immer häufiger richten Unternehmen daher ihre Strategie und Geschäftspolitik, unabhängig von gesetzlichen Verpflichtungen, vermehrt an den Zielen und Werten der Gesellschaft aus, statt lediglich an Gewinnmaximierungsgrundsätzen.[45]

Die gesellschaftliche Verantwortung von Unternehmen bleibt im Sinne von CSR nicht innerhalb der Grenzen des einzelnen Unternehmens oder Konzerns. Vielmehr wird angestrebt, sie entlang der gesamten Wertschöpfungskette, von Beschaffung über Transport und Produktion bis Entsorgung, stattfinden zu lassen. Dadurch sind auch Lieferanten, Dienstleister oder andere Subunternehmer mit involviert.[46]

Mit einer nachhaltigen Entwicklung als Ziel und weil sie vermehrt auf eine gesellschaftliche Akzeptanz angewiesen sind, stehen Unternehmen vor einer sozialen Herausforderung. Auch im Rahmen von CSR soll das Ziel verfolgt werden, die Sozioeffektivität zu steigern, da ihr Ausmaß bestimmend für die soziale Dimension, bzw. die soziale Säule ist. Die Sozioeffektivität zu erhöhen, bedeutet, dass Unternehmen ihre positiven sozialen Wirkungen fördern, während sie negative soziale Wirkungen reduzieren bzw. ganz vermeiden. Dies betrifft zum Beispiel Aus- und Weiterbildungsmöglichkeiten, das Recruiting neuer Mitarbeiter sowie die geschaffene Arbeitsplatzsicherheit.[47] Die Wirkungen müssen dabei für die gesamte Gesellschaft, Individuen und Anspruchsgruppen berücksichtigt sein. Folglich erhöhen Unternehmen ihre gesellschaftliche Akzeptanz und sichern damit ihre soziale Legitimation.[48]

Die Unternehmen selbst können ebenfalls von ihrer Auseinandersetzung mit Corporate Social Responsibility profitieren: Wird CSR im Unternehmen gelebt, kann das das verantwortungsbewusste Handeln innerhalb der Organisation stärken, zur Identifikation mit dem Unternehmen beitragen und das Teambuilding fördern. Zudem kann der Unternehmenswert gefördert werden, bspw. wenn Kunden die entsprechenden Einstellungen des Unternehmens honorieren, sich aufgrund der verbesserten Markenwahrnehmung in ihren Kaufentscheidungen davon beeinflussen lassen und es so zu höheren Gewinnen kommt.[49]

[45] Vgl. *Kühnel/Hiller/Krüger* (2021), S. 91
[46] Vgl. *Maschke/Zimmer* (2013), S. 26
[47] Vgl. *Berg* (2018), S. 86-87
[48] Vgl. *Schaltegger et al.* (2007), S. 11
[49] Vgl. *Kühnel/Hiller/Krüger* (2021), S. 91-93

3 CSR Berichterstattung

Nicht nur Corporate Social Responsibility als solches, sondern auch deren Berichterstattung hat in letzter Zeit vermehrt an Bedeutung gewonnen. Schon vor einer gesetzlichen Regelung dazu hatten bereits 70% der DAX-Unternehmen und 44% der M-DAX-Unternehmen einen eigenen Nachhaltigkeitsbericht veröffentlicht.[50]

Im Jahr 2002 wurde der erste Deutsche Corporate Governance Kodex (DCGK) verabschiedet. Er zeigt die wesentlichen gesetzlichen Vorschriften zur Leitung und Überwachung deutscher börsennotierter Gesellschaften auf und beinhaltet national sowie international anerkannte Standards guter und verantwortungsvoller Unternehmensführung in Form von Empfehlungen und Anregungen. Im Mai 2022 hat die Regierungskommission einen neuen DCGK veröffentlicht und zur Prüfung beim Bundesministerium der Justiz vorgelegt.[51]

In der Kodexreform wird die gestiegene Bedeutung von Environmental Social Governance (ESG; z. Dt.: Umwelt, Soziales und Unternehmensführung) bzw. von Nachhaltigkeit deutlich, da sie als integraler Bestandteil der Unternehmensführung gesehen wird. Bei der Leitung und Überwachung börsennotierter Unternehmen sollen die soziale und ökologische Nachhaltigkeit, sowie soziale und ökologische Ziele in der Unternehmensstrategie, vermehrt berücksichtigt werden.[52]

3.1 Rahmenbedingungen der CSR Berichterstattung

Die Grundsätze zur CSR-Berichterstattung wurden 2017 durch das CSR-Richtlinie-Umsetzungsgesetz (CSR-RUG) geregelt, dessen ausführliche Bezeichnung „Das Gesetz zur Stärkung der nichtfinanziellen Berichterstattung der Unternehmen in ihren Lage- und Konzernlageberichten" lautet. Das CSR-RUG zog im Wesentlichen Änderungen des Handelsgesetzbuchs (HGB) nach sich sowie kleine Änderungen in anderen Gesetzen. Eine Regelung im deutschen Recht wurde nötig, nachdem 2014 auf EU-Ebene die CSR-Richtlinie (2014/95/EU) in Kraft trat und sie die Bilanzrichtlinie (2013/34/EU) um Regelungen zur nichtfinanziellen Berichterstattung ergänzte.[53]

Der Deutsche Bundestag nannte im Gesetzesentwurf des CSR-RUG mehrere Gründe für die Richtlinie. Nichtfinanzielle Themen wie Umweltbelange, Menschenrechte oder andere soziale Belange stellen einen immer wichtigeren Teil der Unternehmenskommunikation dar.

---

[50] Vgl. *Meier* (2017), S. 56
[51] Vgl. *Regierungskommission Deutscher Corporate Governance Kodex* (2022a)
[52] Vgl. *Regierungskommission Deutscher Corporate Governance Kodex* (2022b), S. 1 f.
[53] Vgl. *Kühnel/Hiller/Krüger* (2021), S. 94

Organisationen werden nicht mehr rein nach ihren Finanzdaten befragt und bewertet, sondern auch Investoren, andere Marktteilnehmer oder Verbraucher verlangen nach mehr und detaillierteren Informationen über die Geschäftätigkeit der Unternehmen, um fundierte Entscheidungen darüber treffen zu können, ob sie investieren bzw. Geschäftsbeziehungen eingehen oder die Produkte erwerben wollen.[54]

Die Berichtspflicht zu nichtfinanziellen Themen trifft ausgewählte Unternehmen und Konzerne nach § 315b HGB für Berichtsjahre, die nach dem 31.12.2016 beginnen. Die berichtspflichtigen Unternehmen müssen demnach zu jedem Geschäftsjahr im Lagebericht eine nichtfinanzielle Erklärung bzw. einen nichtfinanziellen Bericht abgeben, in dem sie über wesentliche nichtfinanzielle Belange berichten.[55] Zur Abgabe einer nichtfinanziellen Konzernerklärung gibt es laut § 315b Abs. 1-3 HGB verschiedene Möglichkeiten dazu, bspw. als vollständige Integration in den Konzernlagebericht, als gesonderten Bericht innerhalb des Geschäftsberichts oder als gesonderten nichtfinanziellen Bericht.[56]

Die Inhalte der nichtfinanziellen Erklärung werden in § 289c HGB geregelt. Demnach muss das Geschäftsmodell der Kapitalgesellschaft kurz beschrieben werden und Aspekte wie Umwelt-, Arbeitnehmer- und Sozialbelange, die Achtung der Menschenrechte sowie die Bekämpfung von Korruption und Bestechung thematisiert werden. Zu diesen Aspekten müssen jeweils Angaben gemacht werden, die für das Verständnis des Geschäftsverlaufs, der Lage der Kapitalgesellschaft und des Geschäftsergebnisses erforderlich sind. Die jeweiligen verfolgten Konzepte des Unternehmens dazu müssen erklärt werden. Wird zu einem oder mehreren Aspekten kein Konzept verfolgt, muss dies klar und begründet in der nichtfinanziellen Erklärung erläutert werden.[57]

Mit dem Nachhaltigkeitsbericht als bedeutenden Bestandteil der Informationspolitik von Unternehmen und Konzernen werden Geschäfts-, Umwelt- sowie Sozialberichte zusammengefasst. Er zeigt auf, wie ökonomisches Wachstum, ökologisches Gleichgewicht und soziale Gerechtigkeit in Einklang gebracht werden können und entsprechende Ziele weiterentwickelt werden sollen.[58]

Nachhaltigkeitsberichte können zudem die Glaubwürdigkeit eines Unternehmens unterstützen und damit das Vertrauen bei Kunden, Mitarbeitern und in der Öffentlichkeit stärken. Durch das Reflektieren von Nachhaltigkeitsstrategie und -leistungen mit Hinblick auf die Auswirkungen

---

[54] Vgl. *Deutscher Bundestag* (2016), S. 1
[55] Vgl. *Schuster* (2019), S. 143 f.
[56] Vgl. *dejure.org Rechtsinformationssysteme GmbH* (2019)
[57] Vgl. *dejure.org Rechtsinformationssysteme GmbH* (2017)
[58] Vgl. *Pufé* (2019), S. 55

auf Umwelt und Mensch werden auch in diesen Aspekten die Informationsbedürfnisse sämtlicher Stakeholder mithilfe des Berichts befriedigt.[59]

Bei der Erstellung eines Nachhaltigkeitsberichtes werden häufig die Global Reporting Initiative (GRI) Standards als Berichtsrahmen verwendet. Sie geben den Unternehmen Leitlinien zur Erstellung der Berichte zu ihren ökologischen, sozialen und ökonomischen Auswirkungen an die Hand, sodass die positiven und negativen Beiträge zu einer nachhaltigen Entwicklung des Unternehmens aufgezeigt werden können. Die GRI-Standards gelten für Organisationen unabhängig von ihrer Größe, Branche oder Standorts als gegenwärtige und am weitesten akzeptierte Berichtsstandards und enthalten neben Pflichtanforderungen und Empfehlungen auch weiterführende Anleitungen.[60]

Das Rahmenwerk verfolgt zudem das Ziel der Vergleichbarkeit der Angaben von Unternehmen in ihren Nachhaltigkeitsberichten. Nachhaltigkeitsberichte, die nach den Empfehlungen der GRI erstellt wurden, enthalten Informationen zum Geschäftsmodell des Unternehmens, zum Managementansatz und zu Leistungsindikatoren.[61]

Um den Einstieg in die Berichterstattung sowie das Managen vom Thema Nachhaltigkeit insgesamt zu vereinfachen, animiert der Rat für Nachhaltige Entwicklung (RNE) Unternehmen und Organisationen dazu, den Deutschen Nachhaltigkeitskodex (DNK) anzuwenden, der u. a. dabei helfen kann, gesetzliche Anforderungen wie die CSR-Berichtspflicht zu erfüllen.[62] Der DNK beschreibt Leitlinien für eine transparente und verbindliche Darstellung der Nachhaltigkeitsleistungen in Unternehmen und Organisationen.[63] Beziehen sich möglichst viele Unternehmen auf die 20 Kriterien des DNK, wird eine hohe Transparenz und Vergleichbarkeit hergestellt, die es ermöglicht, Unterschiede schnell und einfach zu identifizieren und die Berichterstattung glaubwürdiger zu gestalten.[64]

Mit der Einführung des CSR-RUG wurde die jährliche Berichterstattung zu nichtfinanziellen Themen für ausgewählte Unternehmen gesetzliche Pflicht, bei deren Nichterfüllung empfindliche Bußgelder drohen.[65] Zwar sind in Deutschland dadurch bisher nur ein paar tausend Unternehmen zu der Berichterstattung verpflichtet, jedoch werden weitaus mehr kleine und mittlere Unternehmen aufgrund ihrer Zulieferfunktionen zu großen Unternehmen dazu gezwungen, ebenfalls einen Nachhaltigkeitsbericht zu erstellen.[66]

---

[59] Vgl. *Rückwardt* (2021), S. 114
[60] Vgl. *Pufé* (2017), S. 46
[61] Vgl. *Tricker* (2019), S. 252
[62] Vgl. *Rat für Nachhaltige Entwicklung* (2020), S. 2
[63] Vgl. *Rückwardt* (2021), S. 118
[64] Vgl. *Schuster* (2019), S. 149
[65] Vgl. *Weber/Weber* (2021), S. 28
[66] Vgl. *Schuster* (2019), S. 149

Außerdem hat die EU-Kommission am 21.04.2021 einen Vorschlag zur Überarbeitung der Richtlinie zur Offenlegung nichtfinanzieller Informationen (2014/95/EU) vorgelegt, der auf die Ausweitung des Anwendungsbereichs abzielt. Künftig wären auch kleinere Unternehmen, börsennotierte KMU und Unternehmen ohne Kapitalmarktorientierung gesetzlich zur Offenlegung von Nachhaltigkeitsinformationen verpflichtet.[67]

3.2 Umsetzungsbeispiel zur CSR Berichterstattung

Als Umsetzungsbeispiel zur CSR Berichterstattung wird im Folgenden der Nachhaltigkeitsbericht 2020 der REWE Group betrachtet. Der vollständige Bericht ist verfügbar unter: www.rewe-group-nachhaltigkeitsbericht.de/2020. Die REWE Unternehmensgruppe ist nach § 315b HGB zu einer nichtfinanziellen Konzernerklärung gemäß des CSR-RUG verpflichtet. Sie ist nicht nach § 293 Abs. 1 Satz 1 HGB davon befreit und beschäftigt im Jahresdurchschnitt mehr als 500 Arbeitnehmer. Der Nachhaltigkeitsbericht der REWE Group orientiert sich an den in Kapitel 3.1 genannten GRI Standards. Die Unternehmensgruppe hat zudem vier Säulen zu ihrer Nachhaltigkeitsstrategie definiert, zu denen der Bericht die wesentlichen GRI-Aspekte zuordnet:

Abbildung 4: Vier Säulen der REWE Group-Nachhaltigkeitsstrategie

Quelle: *REWE Group* (2022)

Zu Beginn ihres Nachhaltigkeitsberichtes fasst die REWE Group auf einen Blick ihre Ziele und Leistungsindikatoren, aufgeteilt nach den vier Säulen sowie Fokusrohstoffe und Produkte, zusammen (S. 5-11). Für die verschiedenen Unterthemen wie bspw. Verpackung, Stromverbrauch, Ausbildungsquote oder Fleisch werden Kennzahlen, Ziele, der Status der Zielerreichung sowie Maßnahmen aufgezeigt. Ab Seite 12 des Berichtes folgt das Porträt der Unternehmensgruppe. Name, Hauptsitz sowie Eigentumsverhältnisse und Rechtsform der Organisation werden nach GRI Standards erläutert, ebenso Marken, Produkte, Dienstleistungen, Betriebsstätten, belieferte Märkte, die Größe der Organisation und signifikante Änderungen in der Organisation und in der Lieferkette. Das Geschäftsmodell der REWE Group wird damit wie gesetzlich vorgeschrieben erläutert.

---

[67] Vgl. *Kühnel/Hiller/Krüger* (2021), S. 99

Mit einer Wesentlichkeitsanalyse ab S. 61 identifiziert die Unternehmensgruppe wesentliche Nachhaltigkeitsaspekte, die die REWE Group betreffen könnte, und setzt Schwerpunkte bei der Maßnahmenentwicklung. Unter anderem wurde eine onlinebasierte Befragung von Mitarbeitern, Konsumenten und anderen Fachstakeholdern durchgeführt, um die identifizierten 19 Nachhaltigkeitsthemen nach deren Relevanz einschätzen zu lassen. Zu den Themen der Wesentlichkeitsanalyse gehören bspw. die Ausweitung des Angebots nachhaltiger Produkte, Tierwohl, nachhaltigere Logistik, faire Arbeitsbedingungen in den eigenen Betrieben und Nachhaltigkeit in der Unternehmensführung.

Auf wirtschaftliche Leistungen gemäß GRI Standard 201 wird ab S. 78 im Bericht eingegangen. Die REWE Group nimmt sich vor, ökonomisch langfristig erfolgreich zu sein und möchte dafür ihre Geschäftstätigkeiten umwelt- und sozialverträglich gestalten und negative Auswirkungen ihrer Geschäftstätigkeiten minimieren. Die Unternehmensgruppe berichtet, dass im Jahr 2021 erstmals eine Kreditlinie vereinbart wurde, die an Nachhaltigkeitsfaktoren geknüpft ist und sie damit ihre Nachhaltigkeitsstrategie auch auf den Finanzsektor ausweitet. Des Weiteren wird im Bericht auf die Umsatzentwicklung und Ergebniskennzahlen im Vergleich zum Vorjahr eingegangen.

In ihrem Nachhaltigkeitsbericht 2020 thematisiert die REWE Group Aspekte der Umweltbelange wie die digitale Verantwortung, grüne Produkte sowie produktbezogene Risikoanalysen und Scorecards, Regionalität und Biodiversität. Daneben geht sie auf Klimaschutz sowie ökologische und soziale Aspekte in den Lieferketten ein und stellt die Entwicklung von Lieferanten und ihr Engagement für existenzsichernde Einkommen in der Lieferkette dar. Ebenfalls die Lieferkette betreffend sind die Themen Kinder- und Zwangsarbeit und Frauen in der Lieferkette.

Zu der zweiten Säulen der REWE Group-Nachhaltigkeitsstrategie Energie, Klima und Umwelt werden u. a. Angaben zu Materialien, Energie, Abfall sowie Logistik und Mobilität gemacht. Später werden die Managementansätze zu Aus- und Weiterbildung, Gleichbehandlung, Vielfalt und Chancengleichheit sowie Gesundheitsmanagement in Bezug auf die Mitarbeiter der REWE Unternehmensgruppe erläutert, sprich, Arbeitnehmerbelange thematisiert. Ab S. 357 wird das gesellschaftliche Engagement, auch mit Bezug auf die SDG's, dargelegt.

Mit ihrem Nachhaltigkeitsbericht gelingt es der REWE Group ihren Investoren, Kunden sowie anderen Marktteilnehmern einen umfassenden Einblick in ihre jeweiligen Konzepte, Ziele und Leistungen insbesondere zu ökologischen und sozialen Aspekten wie Produkte und Lieferketten zu geben. Unter dem Aspekt Stakeholderdialog ab S. 55 wird außerdem klar, dass die Stakeholder der REWE Group, u. a. Lieferanten, Konsumenten, Geschäftspartner, Politik und Mitarbeiter, durch einen intensiven Austausch individuell eingebunden werden.

Insgesamt deckt der Nachhaltigkeitsbericht der REWE Group sämtliche ökonomische, ökologische und soziale Aspekte, und damit alle drei Säulen der Nachhaltigkeit, ab. Ziele, Entwick-
lungen und Maßnahmen werden erläutert sowie Risiken und Chancen betrachtet. Aspekte wie
Umwelt-, Arbeitnehmer- und Sozialbelange, die Achtung der Menschenrechte sowie die Bekämpfung von Korruption und Bestechung werden gemäß §289c HGB (Inhalt der nichtfinanziellen Erklärung) thematisiert. In einem Ranking von Nachhaltigkeitsberichten überzeugte die
REWE Group bei den Großunternehmen u. a. durch die umfassenden Informationen zu ökologischen und sozialen Aspekten, dem Engagement in der Lieferkette und die starke Einbin-
dung der Stakeholder und landete mit ihrem Nachhaltigkeitsbericht 2020 folglich auf dem 2.
Platz.[68]

---

[68] Vgl. *Institut für ökologische Wirtschaftsforschung GmbH* (2022)

Literaturverzeichnis

Aachener Stiftung Katy Beys (2015), Abgrenzung der Begriffe: CR, CSR, CC, CS und CG. In: https://www.nachhaltigkeit.info/suche/a-z/c/corporate_responsibility_cr_559.htm, abgerufen am 15.05.2022.

Aachener Stiftung Kathy Beys (2015a), Weltkommission für Umwelt und Entwicklung (Brundtland Bericht | Brundtland Report). In: https://www.nachhaltigkeit.info/artikel/brundtland_report_1987_728.htm, abgerufen am 17.05.2022.

Berg, R. (2018), Legitimation durch Informationsintermediäre mit Nachhaltigkeitsbezug: Eine institutionentheoretische Analyse und empirische Kapitalmarktuntersuchung, Wiesbaden.

Bundesministerium für Klimaschutz, Umwelt, Energie, Mobilität, Innovation und Technologie (BMK) (o. J.), Definition der Europäischen Kommission Corporate Social Responsibility (CSR). In: https://www.bmk.gv.at/themen/klima_umwelt/nachhaltigkeit/unternehmen/ek_definition.html, abgerufen am 04.04.2022.

dejure.org Rechtsinformationssysteme GmbH (2017), § 289c: Inhalt der nichtfinanziellen Erklärung. In: https://dejure.org/gesetze/HGB/289c.html, abgerufen am 26.06.2022.

dejure.org Rechtsinformationssysteme GmbH (2019), § 315b: Pflicht zur nichtfinanziellen Konzernerklärung; Befreiungen. In: https://dejure.org/gesetze/HGB/315b.html, abgerufen am 26.06.2022.

Deloitte GmbH Wirtschaftsprüfungsgesellschaft (o. J.), Verantwortung als Chance: das Transformationsthema Sustainability. In: https://www2.deloitte.com/de/de/pages/risk/articles/sustainability-transformation.html, abgerufen am 09.05.2022.

Deutscher Bundestag (2016), Drucksache 18/9982. Entwurf eines Gesetzes zur Stärkung der nichtfinanziellen Berichterstattung der Unternehmen in ihren Lage- und Konzernlageberichten (CSR-Richtlinie-Umsetzungsgesetz) vom 17. Oktober 2016, https://dserver.bundestag.de/btd/18/099/1809982.pdf, abgerufen am 20.06.2022.

Deutsche UNESCO-Kommission e. V. (o. J.), Agenda Bildung 2030: Bildung und die Sustainable Development Goals. In: https://www.unesco.de/bildung/agenda-bildung-2030/bildung-und-die-sdgs, abgerufen am 09.05.2022.

Die Bundesregierung (2021), Bericht über die Umsetzung der Agenda 2030 für nachhaltige Entwicklung: Freiwilliger Staatenbericht Deutschlands zum HLPF 2021. Zugriff am 04.04.2022. Verfügbar unter https://www.bmz.de/resource/blob/86824/6631843da2eb297d849b03d883140fb7/staatenbericht-deutschlands-zum-hlpf-2021.PDF.

Ekardt, F. (2005), Das Prinzip Nachhaltigkeit: Generationengerechtigkeit und globale Gerechtigkeit, München.

Haase, A. (2020), Corporate Sustainability: So wichtig ist Nachhaltigkeit für Unternehmen. In: https://blog.hubspot.de/sales/sustainability, abgerufen am 09.05.2022.

Horváth, P. (2018), „Green" Controlling - Umweltorientierung in der Unternehmenssteuerung. In: *Velte, P./Müller, S./Weber, S. C./Sassen, R./Mammen, A.* (Hrsg.), Rechnungslegung, Steuern, Corporate Governance, Wirtschaftsprüfung und Controlling: Beiträge aus Wissenschaft und Praxis, Wiesbaden, S. 611-621.

Institut Bauen und Umwelt e.V. (2020), Nachhaltige Entwicklung: Geschichte & Prinzip der Nachhaltigkeit. In: https://ibu-epd.com/nachhaltige-entwicklung/, abgerufen am 22.05.2022.

Institut für ökologische Wirtschaftsforschung GmbH (2022), Die besten Berichte im Ranking 2021. In: https://www.ranking-nachhaltigkeitsberichte.de/die-besten-berichte, abgerufen am 28.06.2022.

Keck, W. (2021), „Leaving no one behind" heißt CSR an der Basis stärken! In: *Schmitz, M.* (Hrsg.), CSR im Mittelstand: Unternehmerische Verantwortung als Basis für langfristigen Erfolg, Berlin, S. 63-73.

Kleine, A. (2009), Operationalisierung einer Nachhaltigkeitsstrategie: Ökologie, Ökonomie und Soziales integrieren, Wiesbaden.

Knödler, H. (2019), Nachhaltigkeitsmanagement zwischen Wirtschaft, Ethik, Politik und Gesellschaft. In: *(Arnold, C./Keppler,S./Knödler, H./Reckenfelderbäumer, M.* (Hrsg.), Herausforderungen für das Nachhaltigkeitsmanagement: Globalisierung – Digitalisierung – Geschäftsmodelltransformation, Wiesbaden, S. 3-19.

Kühnel, S./Hiller, M./Krüger, K. (2021), Corporate Governance, Studienbrief der SRH Fernhochschule, 4. Auflage, Riedlingen.

Lin-Hi, N. (2021), Greenwashing. In: https://wirtschaftslexikon.gabler.de/definition/greenwashing-51592/version-384777, abgerufen am 04.04.2022.

Maschke, M./Zimmer, R. (2013), CSR – Gesellschaftliche Verantwortung von Unternehmen, Frankfurt am Main.

Meier, S. (2017), Pflicht zur Nachhaltigkeitsberichterstattung, Controlling & Management Review: Zeitschrift für Controlling und Management, 61. Jg., Heft Nr. 4, S. 56-57.

Monitor Deloitte (2021), Sustainability as a value driver: How sustainability elevates product innovation and price differentiation. Zugriff am 02.05.2022, verfügbar unter https://www2.deloitte.com/content/dam/Deloitte/de/Documents/consumer-business/Deloitte_Sustainability_as_a_Value_Driver.pdf.

Pufé, I. (2014), Was ist Nachhaltigkeit? Dimensionen und Chancen. In: https://www.bpb.de/shop/zeitschriften/apuz/188663/was-ist-nachhaltigkeit-dimensionen-und-chancen/, abgerufen am 22.05.2022.

Pufé, I. (2017), Nachhaltigkeit, 3. Auflage, Konstanz.

Pufé, I. (2019), Nachhaltigkeitsmanagement: Grundlagen der Nachhaltigkeit in Unternehmen, Studienbrief der Hamburger Fern-Hochschule, 3. Auflage, Hamburg.

PricewaterhouseCoopers GmbH (o. J.), Trust in Transformation: Nachhaltigkeitsberatung. In: https://www.pwc.de/de/nachhaltigkeit.html, abgerufen am 08.05.2022.

Rat für Nachhaltige Entwicklung (2020), Leitfaden zum Deutschen Nachhaltigkeitskodex. Orientierungshilfe für Einsteiger. Zugriff am 05.06.2022, verfügbar unter https://www.nachhaltigkeitsrat.de/wp-content/uploads/2019/01/DNK_Leitfaden_BITV_DE_190226_1.pdf.

Regierungskommission Deutscher Corporate Governance Kodex (2022a), Die Kommission im Dialog. In: https://www.dcgk.de/de/kommission/die-kommission-im-dialog.html, abgerufen am 06.06.2022.

Regierungskommission Deutscher Corporate Governance Kodex (2022b), Pressemittteilung vom 17. Mai 2022, Frankfurt am Main. Zugriff am 27.06.2022, verfügbar unter: https://dcgk.de/files/dcgk/usercontent/de/download/pressemitteilungen/220517%20PM%20DCGK%202022.pdf.

REWE Group (2022), REWE Group-Nachhaltigkeitsbericht. In: https://rewe-group-nachhaltigkeitsbericht.de/2021/de/, abgerufen am 27.06.2022.

Schaltegger, S./Herzig, C./Kleiber, O./Klinke, T./Müller, J. (2007), Nachhaltigkeitsmanagement in Unternehmen. Zugriff am 23.05.2022, verfügbar unter http://pure.leuphana.de/ws/files/1174686/BMU_Nachhaltigkeitsmanagement_in_Unternehmen.pdf.

Schneider, A. (2015), Reifegradmodell CSR – eine Begriffsklärung und -abgrenzung. In: *Schneider, A./Schmidpeter, R.* (Hrsg.), Corporate Social Responsibility: Verantwortungsvolle Unternehmensführung in Theorie und Praxis, 2. Auflage, Berlin, S. 21-42.

Schuster, W. (2019), Der deutsche Nachhaltigkeitskodex (DNK) als Instrument zur Erfüllung des CSR-Richtlinie-Umsetzungsgesetzes (CSR-RUG). In: *Arnold, C./Keppler, S./Knödler, H./Reckenfelderbäumer, M.* (Hrsg.), Herausforderungen für das Nachhaltigkeitsmanagement: Globalisierung – Digitalisierung – Geschäftsmodelltransformation, Wiesbaden, S. 143-167.

Tricker, B. (2019), Corporate governance. Principles, policies, and practices, Oxford.

Umweltmission gUG i.G. (o. J), Nachhaltigkeitsdreieck oder die 3 Säulen der Nachhaltigkeit. In: https://umweltmission.de/wissen/nachhaltigkeitsdreieck/, abgerufen am 22.05.2022.

Weber, G./Weber, M. (2021), Nachhaltigkeit im deutschen Mittelstand – Ergebnisse einer Studie. In: *Schmitz, M.* (Hrsg.), CSR im Mittelstand: Unternehmerische Verantwortung als Basis für langfristigen Erfolg, Berlin, S. 25-43.

Wördenweber, M. (2017), Nachhaltigkeitsmanagement: Grundlagen und Praxis unternehmerischen Handelns, Stuttgart.

World University Service (o. J.), Broschüre zu den SDGs mit allen 169 Unterzielen. In: https://www.globaleslernen.de/de/fokusthemen/fokus-sustainable-development-goals-sdg/broschuere-zu-den-sdgs-mit-allen-169-unterzielen, abgerufen am 09.05.2022.